¿Qué es Kumon?

Kumon es la empresa líder mundial en educación suplementaria y un líder en la obtención de resultados académicos sobresalientes. Los programas extracurriculares de matemáticas y lectura proporcionados en los centros Kumon alrededor del mundo han contribuido al éxito académico de los (las) niños(as) por más de 50 años.

Los cuadernos de ejercicios de Kumon representan tan sólo una parte de nuestro currículo completo, que incluye materiales desde nivel preescolar hasta nivel universitario, y se enseña en nuestros Centros Kumon bajo la supervisión de nuestros(as) instructores(as) capacitados(as).

El método Kumon permite que cada niño(a) avance exitosamente mediante la práctica hasta dominar los conceptos progresando gradualmente. Los (las) instructores(as) cuidadosamente asignan tareas a sus alumnos(as) y supervisan su progreso de acuerdo a las destrezas o necesidades individuales.

Los (Las) e: ... isisten usualmente a un centro Kumon dos veces ... na y se les asignan tareas para que practique ... los restantes cinco días. Las tareas requiere ... amente de veinte minutos.

Kumon ... tudiantes de todas las edades y con diferente ... a dominar los fundamentos básicos de una asig ... ejorar sus hábitos de estudio y la concentra ... irir mayor confianza.

¿Cómo comenzó Kumon?

HACE 50 AÑOS, EN JAPÓN, Toru Kumon, un padre y maestro, encontró la forma de ayudar a su hijo Takeshi a mejorar su rendimiento académico. Siguiendo los consejos de su esposa, Kumon desarrolló una serie de ejercicios cortos que su hijo podría completar exitosamente en menos de veinte minutos diarios, los cuales ayudaron poco a poco a que la matemática le resultara más fácil. Ya que cada ejercicio era ligeramente más complicado que el anterior, Takeshi pudo adquirir el dominio necesario de las destrezas matemáticas mientras aumentaba su confianza para seguir avanzando.

El hijo de Kumon tuvo tanto éxito con este método único y autodidacta, que Takeshi pudo realizar operaciones matemáticas de cálculo diferencial e integral en sexto grado. El Sr. Kumon, conociendo el valor de una buena comprensión lectora, desarrolló un programa de lectura utilizando el mismo método. Estos programas constituyen la base y la inspiración que los centros Kumon ofrecen en la actualidad bajo la guía experta de instructores(as) profesionales del método Kumon.

Sr. Toru Kumon
Fundador de Kumon

¿Cómo puede ayudar Kumon a mi hijo(a)?

Kumon está diseñado para niños(as) de todas las edades y aptitudes. Kumon ofrece un programa efectivo que desarrolla las destrezas y aptitudes más importantes, de acuerdo a las fortalezas y necesidades de cada niño(a), ya sea que usted quiera que su hijo(a) mejore su rendimiento académico, que tenga una base sólida de conocimientos, o resolver algún problema de aprendizaje, Kumon le ofrece un programa educativo efectivo para desarrollar las principales destrezas y aptitudes de aprendizaje, tomando en cuenta las fortalezas y necesidades individuales de cada niño(a).

¿Qué hace que Kumon sea tan diferente?

Kumon está diseñado para facilitar la adquisición de hábitos y destrezas de aprendizaje para mejorar el rendimiento académico de los (las) niños(as). Es por esto que Kumon no utiliza un enfoque de educación tradicional ni de tutoría. Este enfoque hace que el (la) niño(a) tenga éxito por sí mismo, lo cual aumenta su autoestima. Cada niño(a) avanza de acuerdo a su capacidad e iniciativa para alcanzar su máximo potencial, ya sea que usted utilice nuestro método y programa como un medio correctivo o para enriquecer los conocimientos académicos de su hijo(a).

¿Cuál es el rol del (de la) instructor(a) de Kumon?

Los (Las) instructores(as) de Kumon se consideran mentores(as) y tutores(as), y no profesores(as) en un sentido clásico. Su rol principal es el de proporcionar al (a la) estudiante el apoyo y la dirección que lo (la) guiará a desempeñarse al 100% de su capacidad. Además de su entrenamiento riguroso en el método Kumon, todos los (las) instructores(as) Kumon comparten la misma pasión por la educación y el deseo de ayudar a los (las) niños(as) a alcanzar el éxito.

KUMON FOMENTA:

- El dominio de las destrezas básicas de las matemáticas y de la lectura.
- Una mejora en el nivel de concentración y los hábitos de estudio.
- Un aumento de la confianza y la disciplina del (de la) alumno(a).
- El alto nivel de calidad y profesionalismo en todos nuestros materiales.
- El desempeño del máximo potencial de cada uno(a) de nuestros(as) alumnos(as).
- Un sentimiento agradable de logro.

▶▶ **COMENZAR CON KUMON ES FÁCIL.** Simplemente llámenos o visite nuestra página en Internet para solicitar nuestro folleto informativo y localizar un centro Kumon cerca de usted. Un(a) instructor(a) certificado(a) le atenderá con gusto, le explicará cómo funciona Kumon, le ayudará a manejar las necesidades de su hijo(a) y le pasará un examen de ubicación gratuito. ¡Contáctenos hoy mismo!

USA o Canada	800-ABC-MATH (English only)	www.kumon.com
Argentina	54-11-4779-1114	www.kumonla.com
Colombia	57-1-635-6212	www.kumonla.com
Chile	56-2-207-2090	www.kumonla.com
España	34-902-190-275	www.kumon.es
Mexico	01-800-024-7208	www.kumon.com.mx

Nombre

Fecha

A los padres Pida a su hijo(a) que trace el camino con su dedo, luego con un lápiz. Como práctica adicional, haga que su hijo(a) continúe trazando el camino con lápices de diferentes colores. Anime y premie a su hijo(a) cuando haya completado el ejercicio.

■ Dibuja una línea desde la flecha (→) hasta la estrella (★) siguiendo el camino.

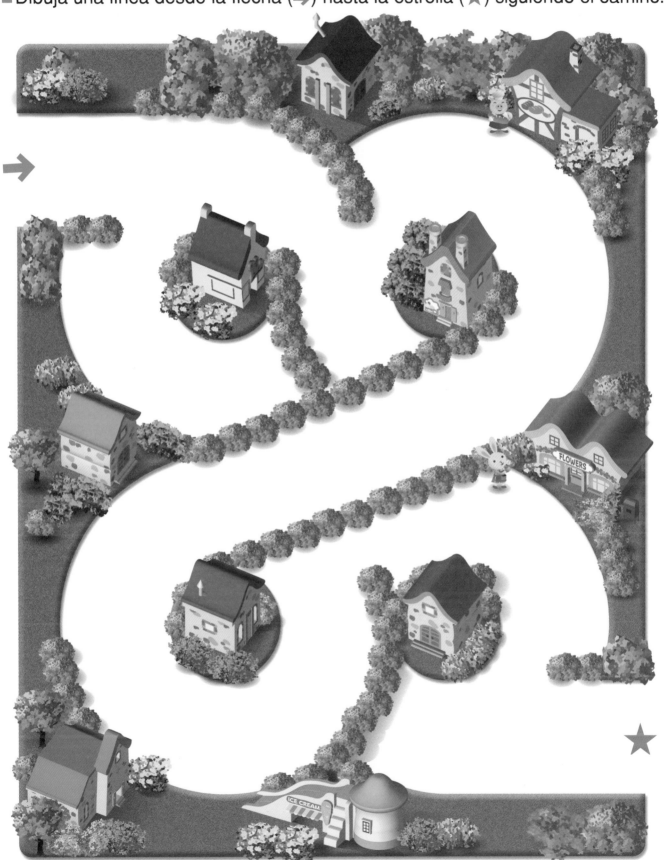

■Dibuja una línea desde la flecha (➡)
hasta la estrella (★) siguiendo el camino.

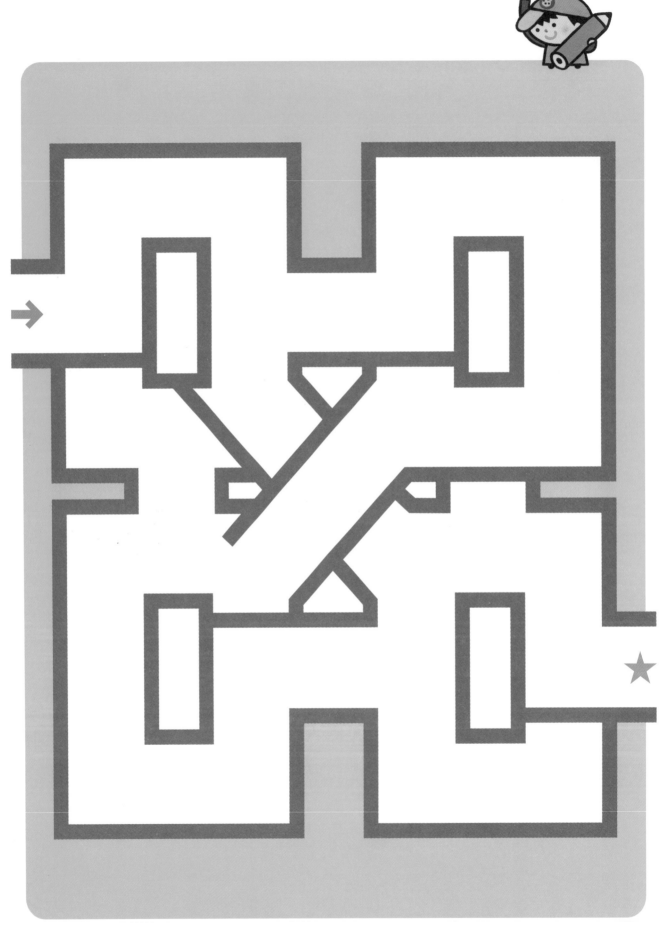

2 | Un paseo por la ciudad

■ Dibuja una línea desde la flecha (→) hasta la estrella (★) siguiendo el camino.

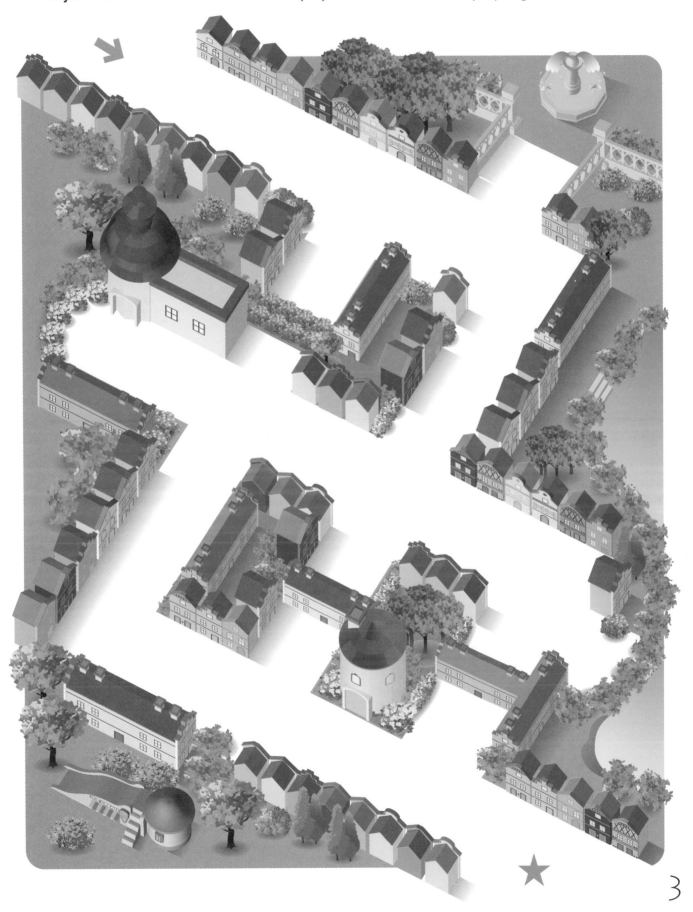

■ Dibuja una línea desde la flecha (→)
hasta la estrella (★) siguiendo el camino.

3 | Jugando en la granja

Nombre

Fecha

■Dibuja una línea desde la flecha (→) hasta la estrella (★) siguiendo el camino.

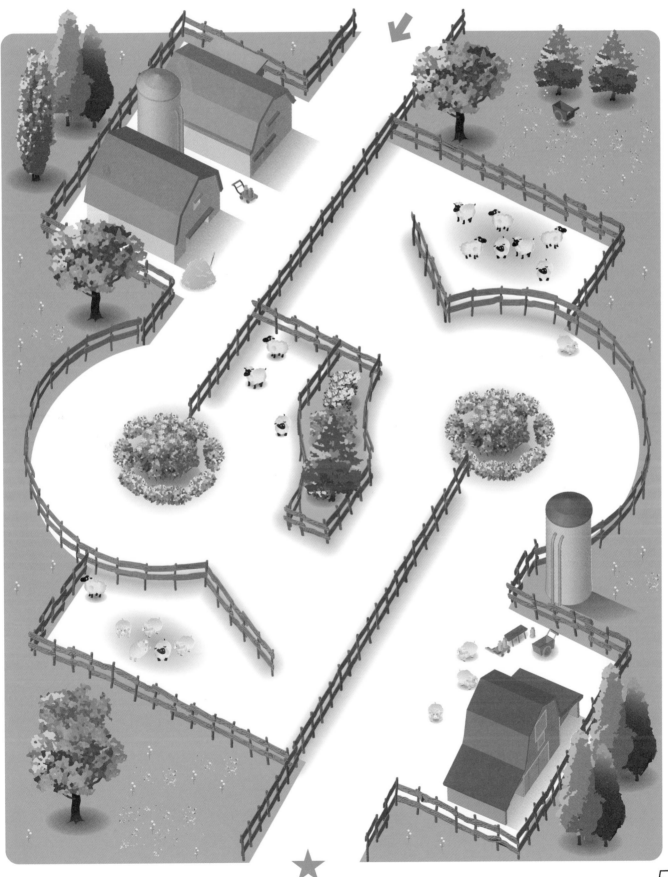

■ Dibuja una línea desde la flecha (→)
  hasta la estrella (★) siguiendo el camino.

4 El bosque negro

■Dibuja una línea desde la flecha (→) hasta la estrella (★) siguiendo el camino.

■ Dibuja una línea desde la flecha (→)
hasta la estrella (★) siguiendo el camino.

Amiguitos en el estanque

■ Dibuja una línea desde la flecha (→) hasta la estrella (★) siguiendo el camino.

■ Dibuja una línea desde la flecha (→)
hasta la estrella (★) siguiendo el camino.

6 | Otoño en el parque

■ Dibuja una línea desde la flecha (→) hasta la estrella (★) siguiendo el camino.

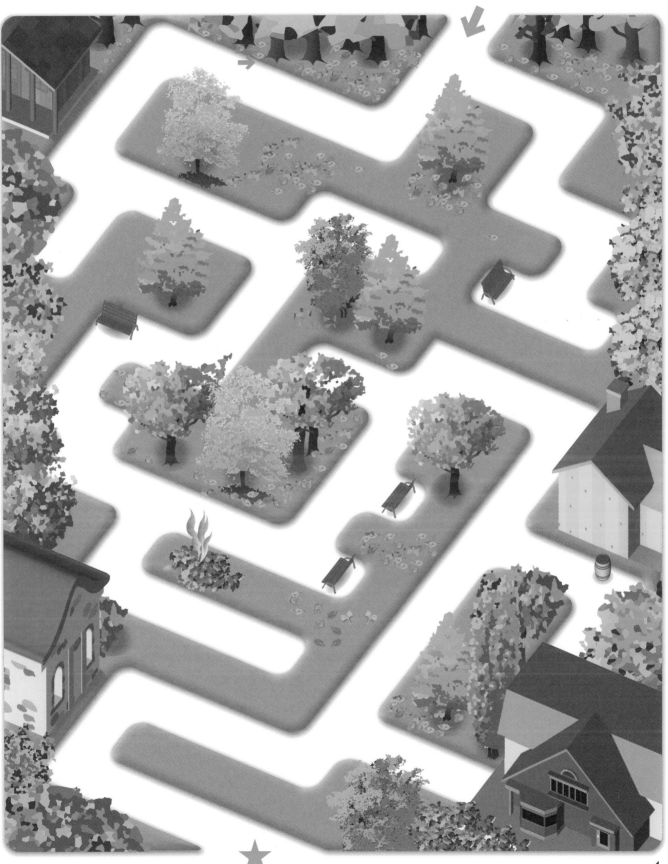

■ Dibuja una línea desde la flecha (→)
hasta la estrella (★) siguiendo el camino.

7 El huerto

Nombre

Fecha

■ Dibuja una línea desde la flecha (→) hasta la estrella (★) siguiendo el camino.

13

■ Dibuja una línea desde la flecha (→)
hasta la estrella (★) siguiendo el camino.

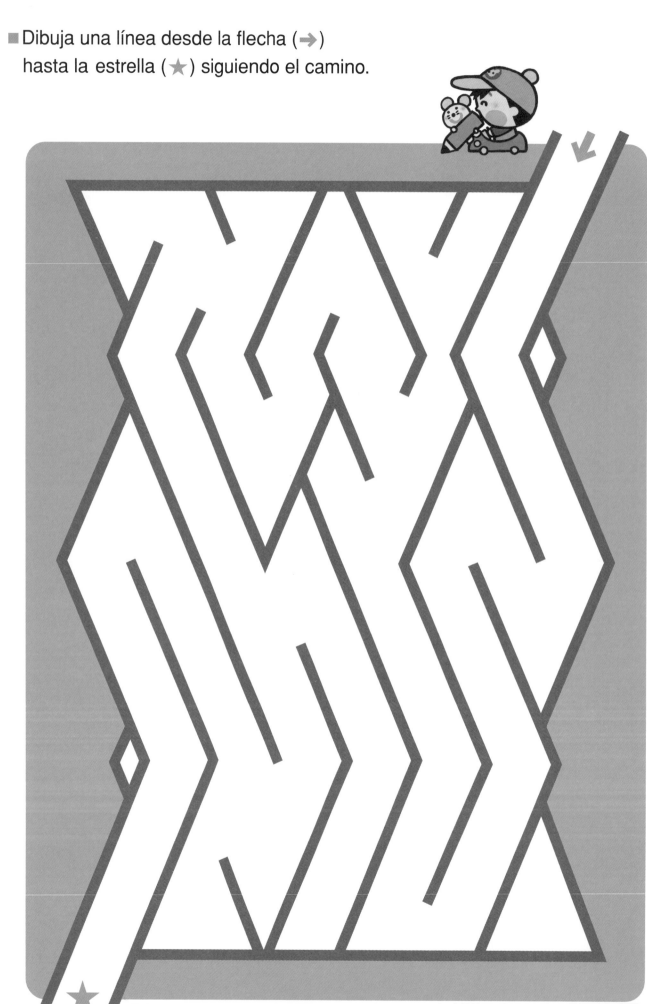

8 Campo de fresas

Nombre

Fecha

■ Dibuja una línea desde la flecha (→) hasta la estrella (★) siguiendo el camino.

■Dibuja una línea desde la flecha (→)
hasta la estrella (★) siguiendo el camino.

16

9 En sus marcas, listos, ¡fuera!

Nombre

Fecha

■ Dibuja una línea desde la flecha (→) hasta la estrella (★) siguiendo el camino.

18

Las calles de la ciudad

Nombre

Fecha

■Dibuja una línea desde la flecha (→) hasta la estrella (★) siguiendo el camino.

19

■ Dibuja una línea desde la flecha (→)
hasta la estrella (★) siguiendo el camino.

Paseando al perrito

■ Dibuja una línea desde la flecha (→) hasta la estrella (★) siguiendo el camino.

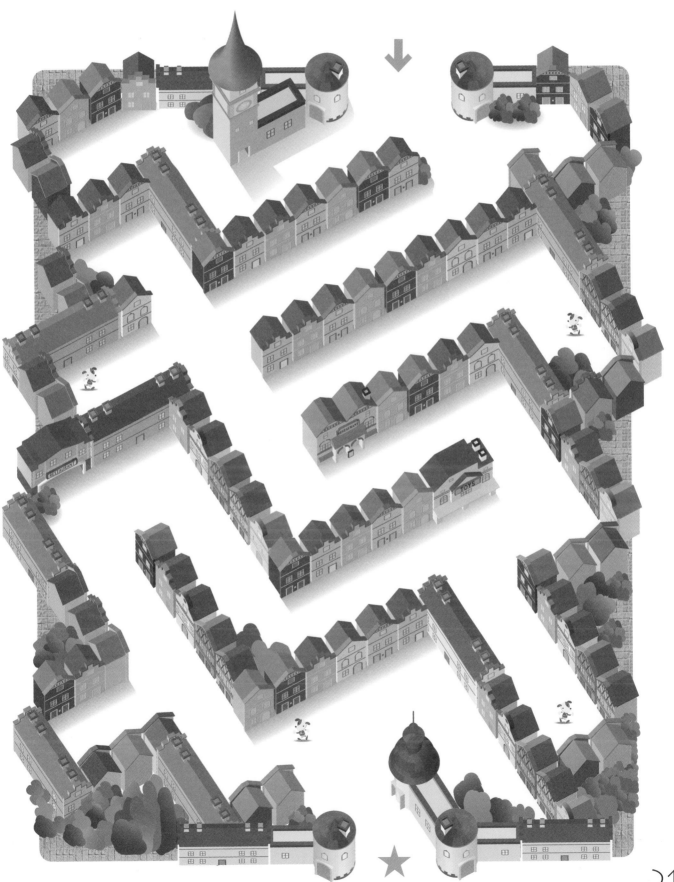

■Dibuja una línea desde la flecha (➜)
hasta la estrella (★) siguiendo el camino.

12 Primavera en la ciudad

■Dibuja una línea desde la flecha (→) hasta la estrella (★) siguiendo el camino.

■Dibuja una línea desde la flecha (→)
　hasta la estrella (★) siguiendo el camino.

13 El poblado de casitas pequeñas

■ Dibuja una línea desde la flecha (→) hasta la estrella (★) siguiendo el camino.

25

■Dibuja una línea desde la flecha (→)
   hasta la estrella (★) siguiendo el camino.

14 La ovejita perdida

Nombre

Fecha

■ Dibuja una línea desde la flecha (→) hasta la estrella (★) siguiendo el camino.

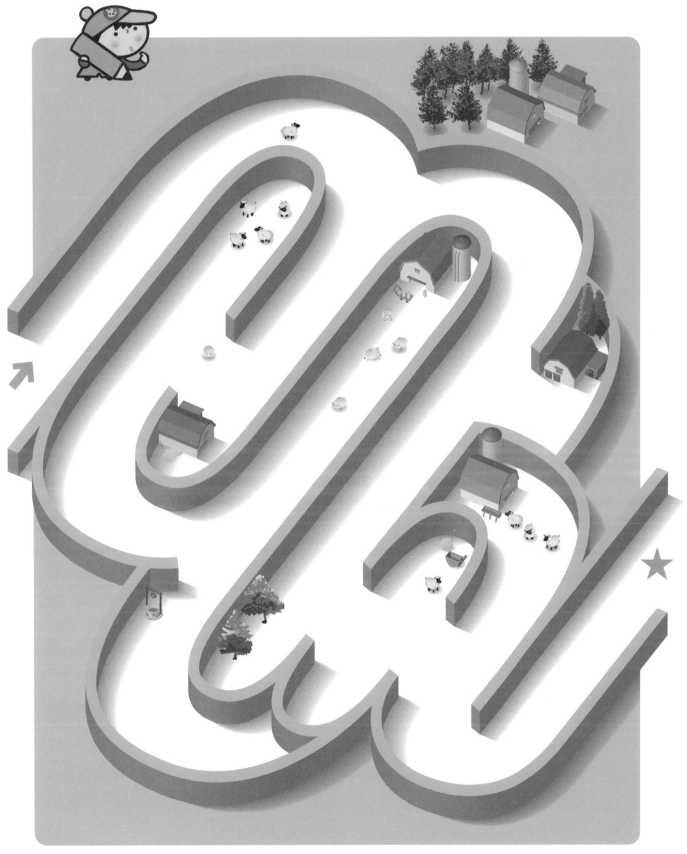

■ Dibuja una línea desde la flecha (→)
hasta la estrella (★) siguiendo el camino.

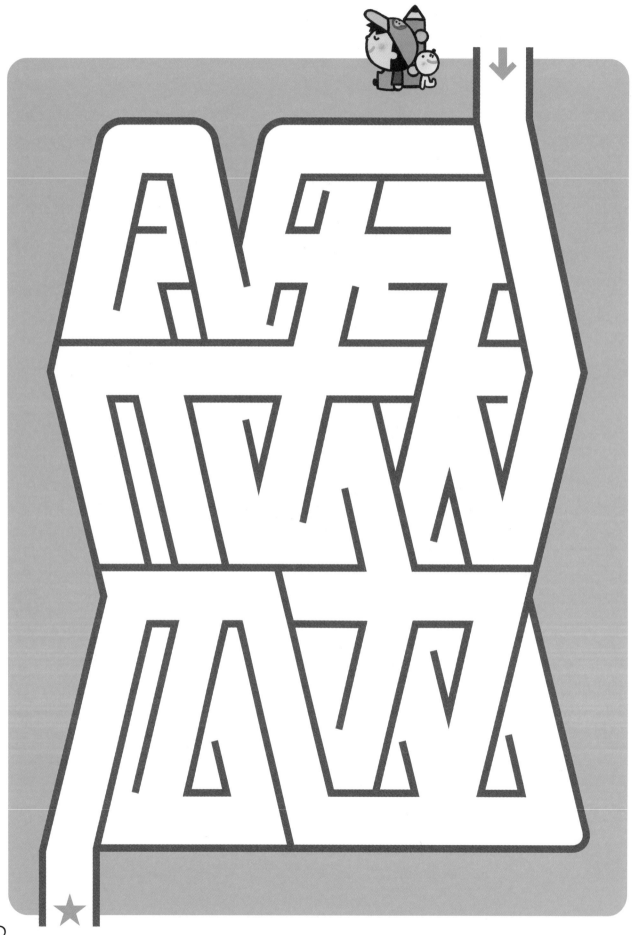

15 Árboles de otoño

Nombre
Fecha

■ Dibuja una línea desde la flecha (→) hasta la estrella (★) siguiendo el camino.

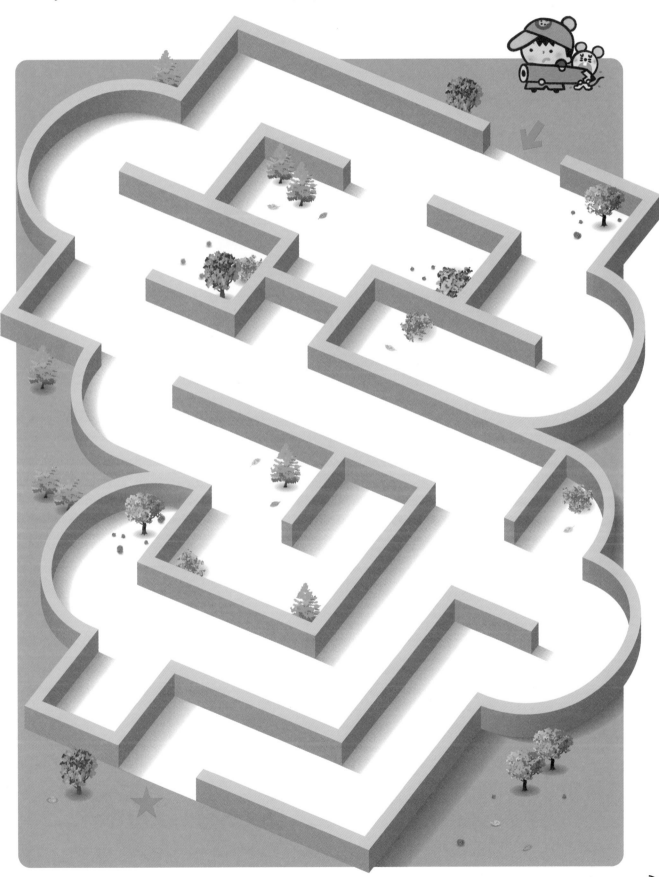

■ Dibuja una línea desde la flecha (→)
hasta la estrella (★) siguiendo el camino.

■ Dibuja una línea desde la flecha (→) hasta la estrella (★) siguiendo el camino.

■ Dibuja una línea desde la flecha (→)
hasta la estrella (★) siguiendo el camino.

 Hojas de otoño

- Dibuja una línea desde la flecha (→) hasta la estrella (★) siguiendo el camino.

33

■ Dibuja una línea desde la flecha (→)
hasta la estrella (★) siguiendo el camino.

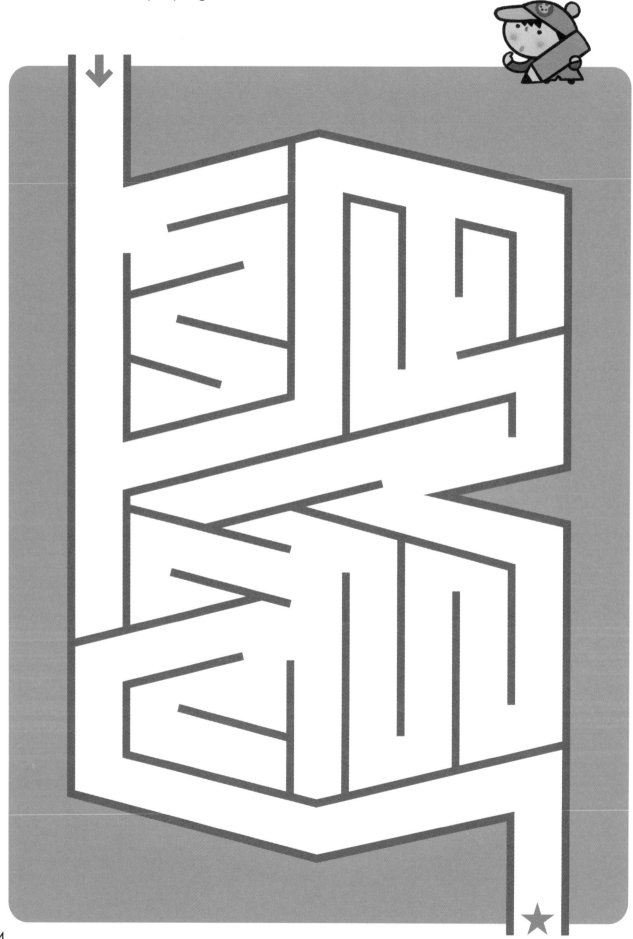

Cosechando coles y calabazas

■ Dibuja una línea desde la flecha (➡) hasta la estrella (★) siguiendo el camino.

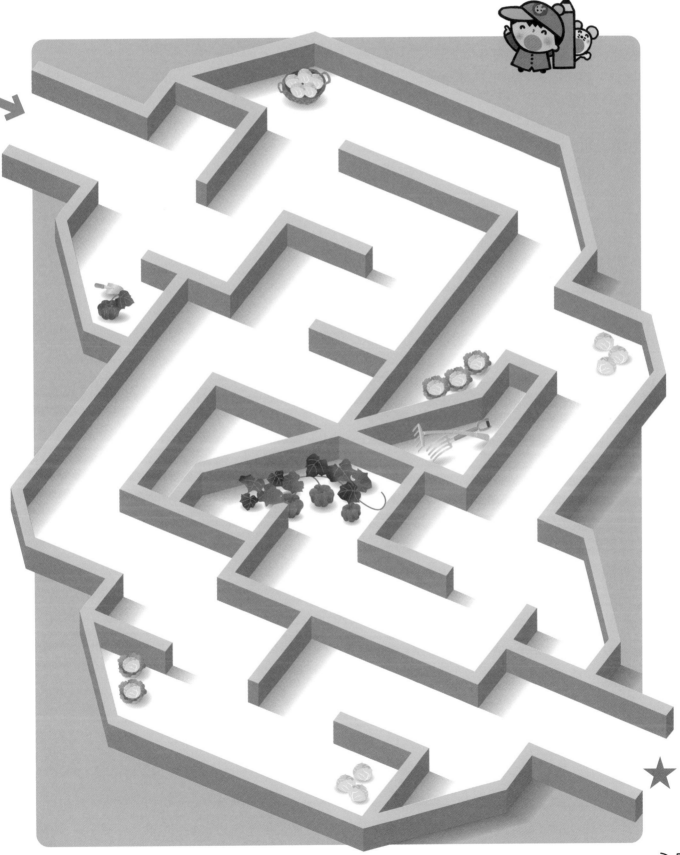

36

19 ¡A buscar fresas!

■ Dibuja una línea desde la flecha (→) hasta la estrella (★) siguiendo el camino.

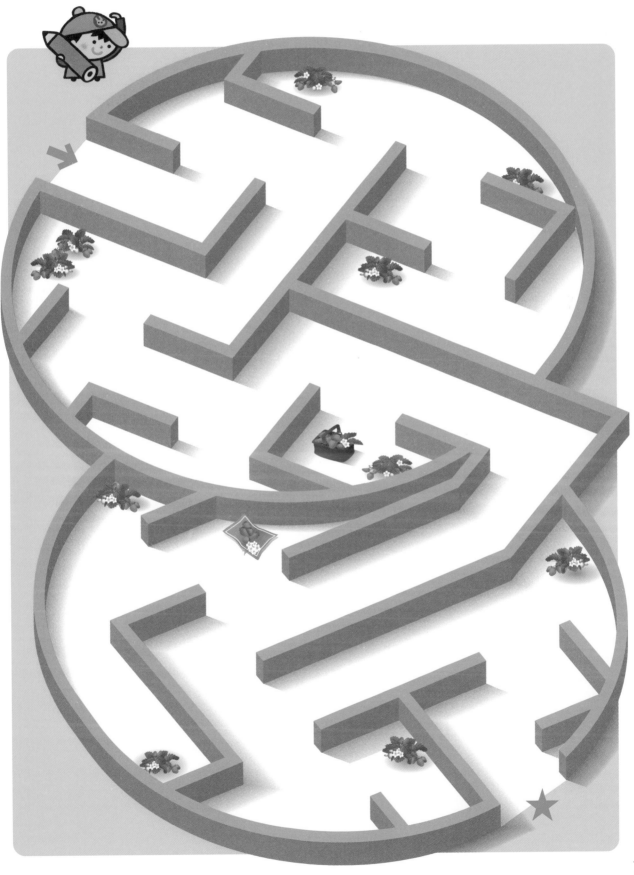

■Dibuja una línea desde la flecha (→)
hasta la estrella (★) siguiendo el camino.

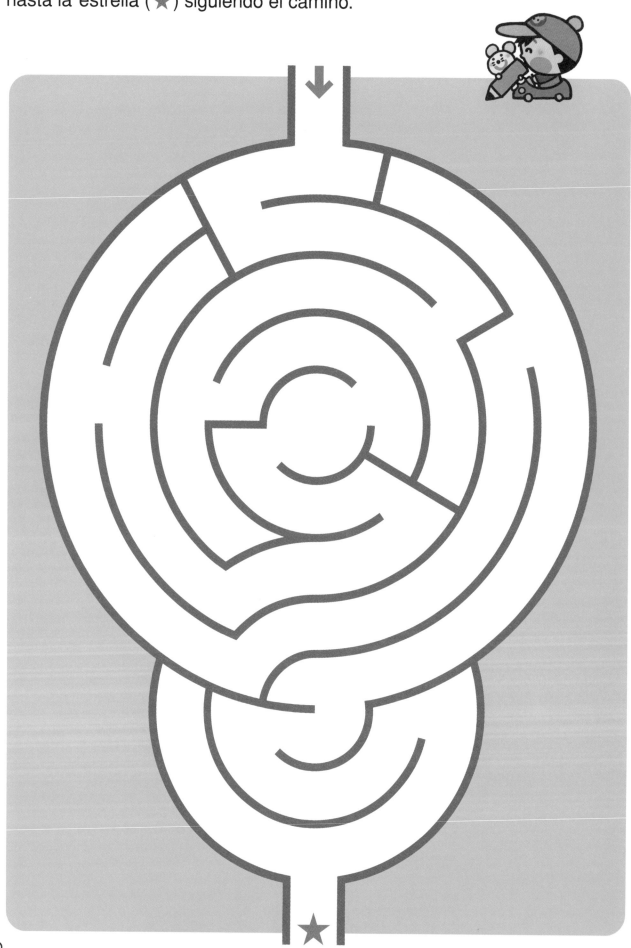

20 Dando vueltas en la pista de carreras

■ Dibuja una línea desde la flecha (→) hasta la estrella (★) siguiendo el camino.

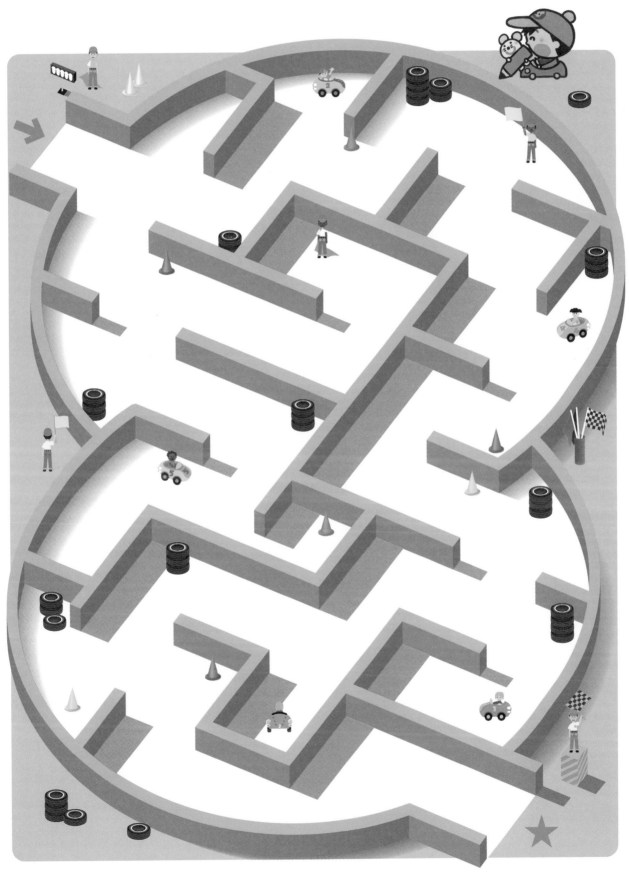

■Dibuja una línea desde la flecha (→)
hasta la estrella (★) siguiendo el camino.

21 Doblando las esquinas en la ciudad

Nombre

Fecha

■ Dibuja una línea desde la flecha (➡) hasta la estrella (★) siguiendo el camino.

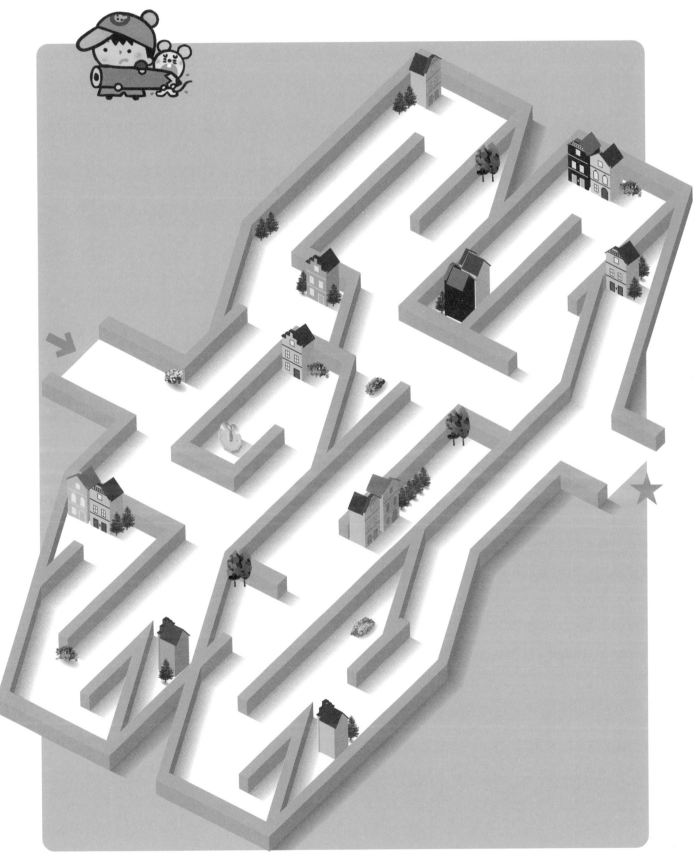

41

■Dibuja una línea desde la flecha (→)
hasta la estrella (★) siguiendo el camino.

Nombre

Fecha

■ Dibuja una línea desde la flecha (→) hasta la estrella (★) siguiendo el camino.

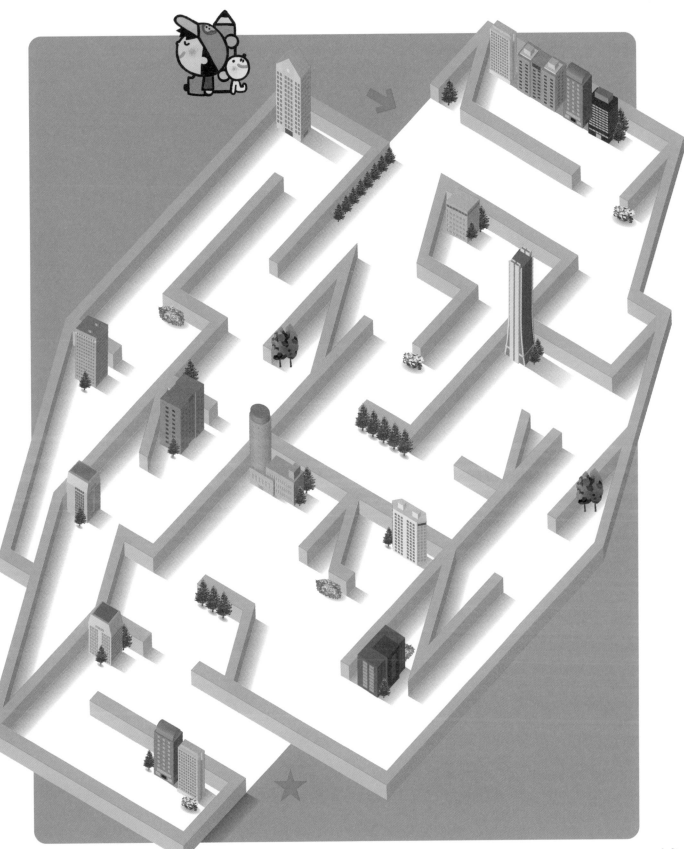

43

■ Dibuja una línea desde la flecha (→)
hasta la estrella (★) siguiendo el camino.

■Dibuja una línea desde la flecha (➡) hasta la estrella (★) siguiendo el camino.

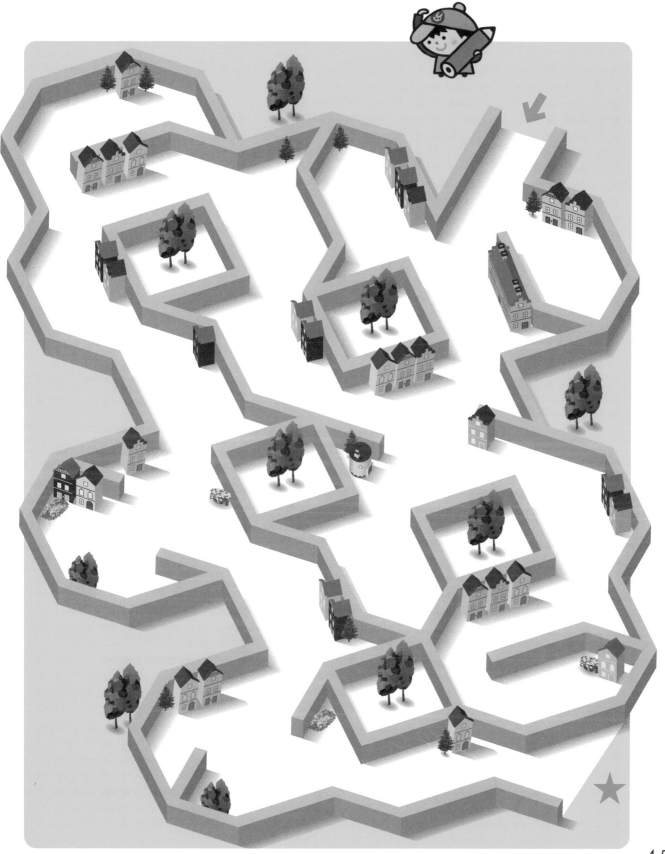

■ Dibuja una línea desde la flecha (→)
hasta la estrella (★) siguiendo el camino.

■Dibuja una línea desde la flecha (→) hasta la estrella (★) siguiendo el camino.

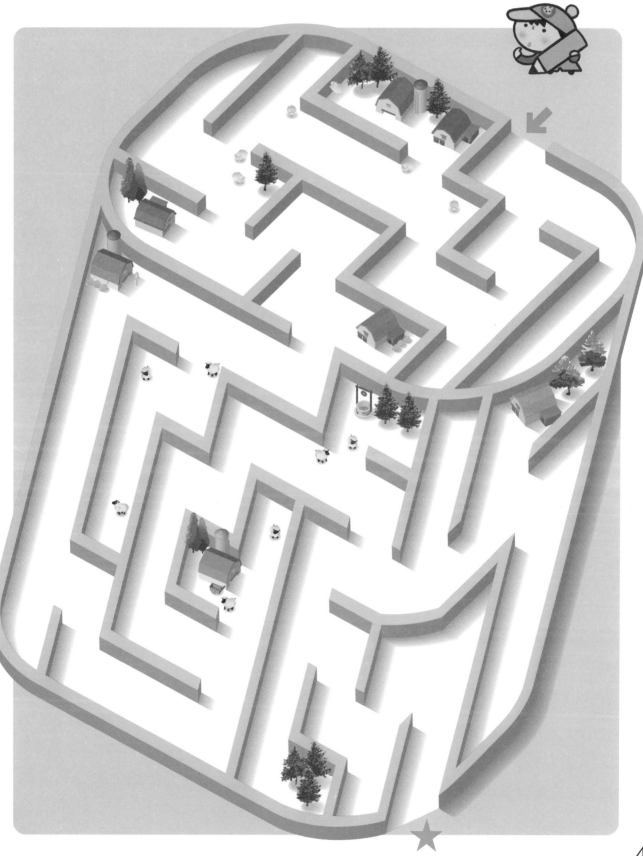

■ Dibuja una línea desde la flecha (→)
hasta la estrella (★) siguiendo el camino.

25 El pueblito lejano

Fecha

■Dibuja una línea desde la flecha (→) hasta la estrella (★) siguiendo el camino.

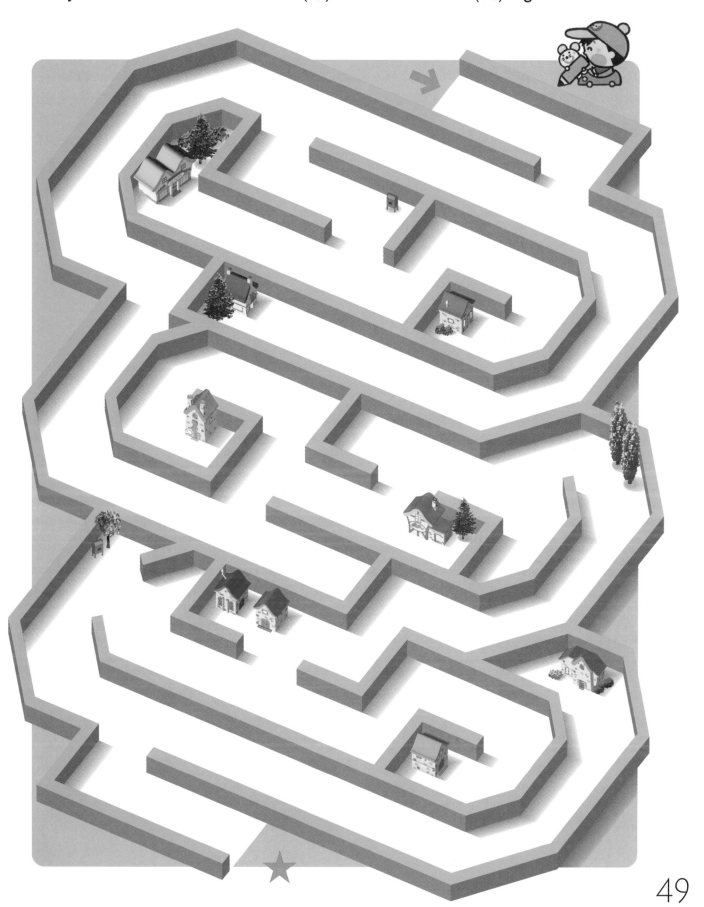

49

■Dibuja una línea desde la flecha (→)
　hasta la estrella (★) siguiendo el camino.

26 Zumbando por los edificios

Nombre

Fecha

■ Dibuja una línea desde la flecha (➡) hasta la estrella (★) siguiendo el camino.

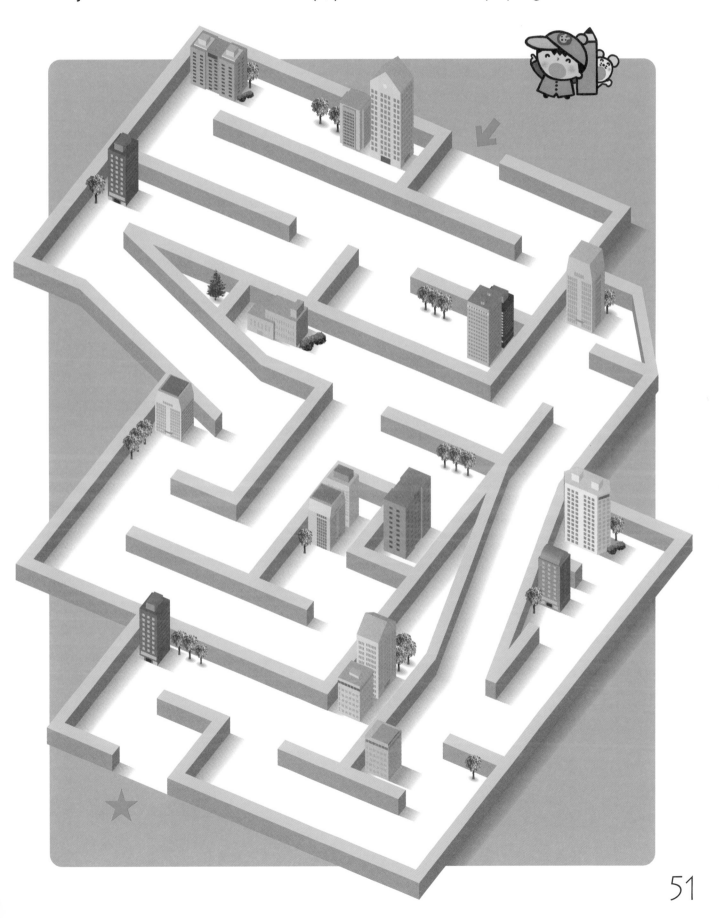

■ Dibuja una línea desde la flecha (→)
hasta la estrella (★) siguiendo el camino.

Nombre

Fecha

■Dibuja una línea desde la flecha (→) hasta la estrella (★) siguiendo el camino.

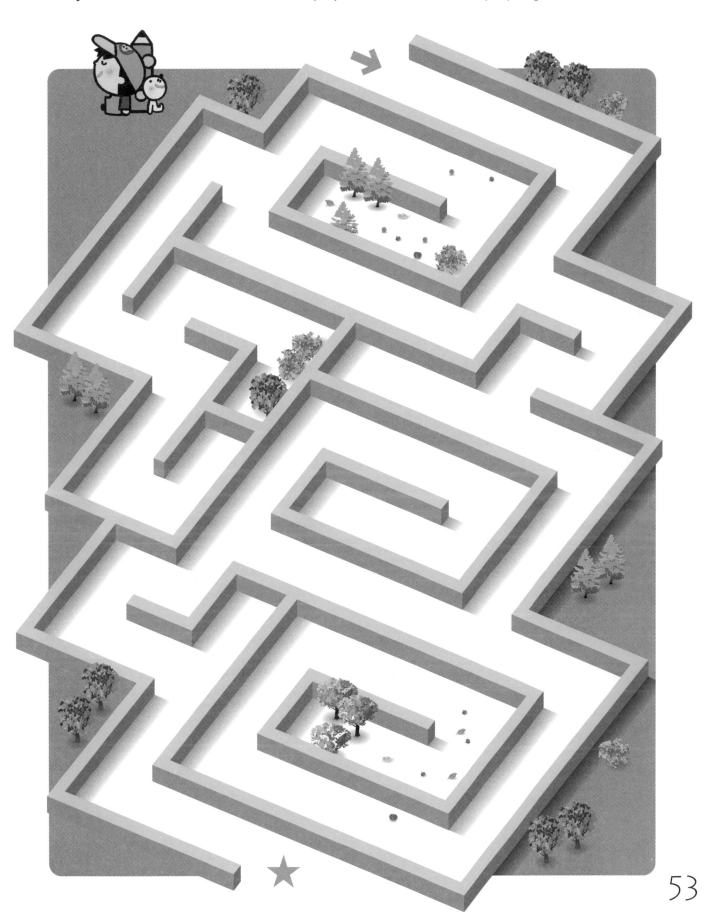

53

■ Dibuja una línea desde la flecha (→)
hasta la estrella (★) siguiendo el camino.

Remando en el estanque

■ Dibuja una línea desde la flecha (→) hasta la estrella (★) siguiendo el camino.

■Dibuja una línea desde la flecha (→)
hasta la estrella (★) siguiendo el camino.

29 El panadero

A los padres
A partir de esta página, los diseños de los laberintos son diferentes de los demás en el cuaderno. Los laberintos en las páginas pares tienen caminos estrechos y serán un desafío. Felicite a su hijo(a) cuando complete cada ejercicio.

■ Dibuja una línea desde la flecha (→) hasta la estrella (★) siguiendo el camino.

■ Dibuja una línea desde la flecha (→)
hasta la estrella (★) siguiendo el camino.

30 El Policía

■ Dibuja una línea desde la flecha (→) hasta la estrella (★) siguiendo el camino.

59

■Dibuja una línea desde la flecha (➡)
hasta la estrella (★) siguiendo el camino.

31 El cartero

■ Dibuja una línea desde la flecha (→) hasta la estrella (★) siguiendo el camino.

■ Dibuja una línea desde la flecha (→)
  hasta la estrella (★) siguiendo el camino.

32 El día de campo del ratoncito

Dibuja una línea desde la flecha (→) hasta la estrella (★) siguiendo el camino.

■ Dibuja una línea desde la flecha (→)
hasta la estrella (★) siguiendo el camino.

El osito jugando golf

Nombre

Fecha

Dibuja una línea desde la flecha (→) hasta la estrella (★) siguiendo el camino.

■ Dibuja una línea desde la flecha (→)
  hasta la estrella (★) siguiendo el camino.

■Dibuja una línea desde la flecha (→) hasta la estrella (★) siguiendo el camino.

■Dibuja una línea desde la flecha (→)
　hasta la estrella (★) siguiendo el camino.

35 El conejo recogiendo fresas

Nombre

Fecha

■ Dibuja una línea desde la flecha (➡) hasta la estrella (★) siguiendo el camino.

■ Dibuja una línea desde la flecha (→)
  hasta la estrella (★) siguiendo el camino.

El mesero

Nombre

Fecha

■Dibuja una línea desde la flecha (→) hasta la estrella (★) siguiendo el camino.

■Dibuja una línea desde la flecha (→)
hasta la estrella (★) siguiendo el camino.

El vaquero

Nombre

Fecha

■Dibuja una línea desde la flecha (➔) hasta la estrella (★) siguiendo el camino.

74

La cerdita se va de compras

Nombre

Fecha

■ Dibuja una línea desde la flecha (→) hasta la estrella (★) siguiendo el camino.

■ Dibuja una línea desde la flecha (→)
hasta la estrella (★) siguiendo el camino.

39 El piloto de carreras de automóvil

Nombre

Fecha

■ Dibuja una línea desde la flecha (➜) hasta la estrella (★) siguiendo el camino.

¡Desafío! 1

A los padres
El diseño del laberinto en esta página es diferente a los demás en el cuaderno. Practique con su hijo(a) si tiene dificultad. Asegúrese que la línea sea vertical u horizontal, no diagonal.

■Dibuja una línea desde la flecha (➡) hasta la estrella (★), pasando sólo por los tulipanes(🌷).

40 El rey

■ Dibuja una línea desde la flecha (→) hasta la estrella (★) siguiendo el camino.

¡Desafío! ②

A los padres
El diseño del laberinto en esta página es diferente a los demás en el cuaderno. Practique con su hijo(a) si tiene dificultad. Asegúrese que la línea sea vertical u horizontal, no diagonal.

■ Dibuja una línea desde la flecha (➜) hasta la estrella (★), pasando sólo por los conejos (🐰).

80

Diploma de Cumplimiento

y se le felicita por haber terminado

Mi primer libro de Laberintos

Dado el _____ , 26 _____

_____
Padre o tutor(a)